子ども達と生きる

高橋保子

文芸社

はじめに

昭和十六年十二月八日の「真珠湾攻撃」、続く昭和十七年二月七日に「シンガポール陥落」。旧青梅街道を国民学校の一年生として旗行列に参加した記憶がある。

その後、太平洋戦争は激化し昭和二十年八月十五日、我が国は無条件降伏という状況で敗北の終戦を迎えていた。

その戦時中、母は父が出征した後の、残された家族を支えていた。地域社会と連携する中で、乳飲み子を国民学校の五年生の私に託して、裏山に「松ヤニ」を掘り出す勤労奉仕作業に参加したり、地域に助けられながら姉妹を育てた母の姿を平成八年、「五年生の春」と題して文芸社から出版している。

明治四十一年生まれの母の姿を、我が家にあった写真で見た。市川房枝氏、吉岡弥生氏らと同じ浴衣を着て写した写真があったのだ。大正から昭和の初期、母が知的な活動に参加していた様子を知ることができた。

その母の姿を受け継いだかのように、私は保育士として生きることになった。

「この親にして、この子あり」なのかも

保子

目次

第二章　保育士を目指して

第七章　社会とともに

第一章　先の見えない時代

中学時代の葛藤

昭和二十二年四月に施行された学校教育法により、新制村山第一中学校が開校した。

当時、我が家の家族構成は父、母、そして私を含む六人姉弟であった。

昭和二十一年度、姉は旧制女学校に在学し、私は国民学校初等科の六年生であった。昭和二十二年四月、開校したばかりの村山第一中学校の一年生として入学する。

旧制女学校に進学する計画だったが、村に中学校が出来たことで、新制中学校に入学することになったのである。父の意見が強く、従わざるを得なかった。

制度を理由に中学校へと進学させた親の言い分に、差別観が残っている気がして、私は葛藤した。

入学する前にこの葛藤を母親に話したが、そのとき「村立中学を卒業してから高等学校にいけばいい」と、父に言い聞かされて、村立中学校に入学していた。

中学生時代は優秀ではないが、全課程それなりの成績で進んでいた。勿論、高校進学への期待も大きな励みになっており、日々楽しく通っていた。

特に音楽を好み、二年生からは文化部の部長を任ぜられた。毎日、昼食後は放送室に入り、校内に流す音楽の選定をしたり、具体的には責任を持って放送をする係を務めるなど、充実した生活を送っていた。

校内に流す音楽は主にクラシックが多く、中でも「中央アジアの草原にて」の曲は、一般の生徒からも好評で繰り返し流した。私にとっては、苦しい心境を救ってくれた曲でもあり、記憶に残っている。

ピアノ好きな私は、住み込みで働きながら音楽を学ぼうという考えも浮かんでいた。

新制中学にピアノがない

当時の父は、中学校にピアノを購入する活動の中心人物として動いていた記憶がある。勿論、父母の協議会の中での結論だと思うが、主体的に動き購入することとなる。さまざまな経緯があったのであろう、やがて学校にピアノが搬入された。お礼もかねて村民や子ども達にも、中学校にピアノが購入されたことを知らせるピアノの披露会が行われることとなった。

当時の会館の収容人員は八百名程度。町営ではなく商業施設だったたと思う。

音楽担当の教師は勿論のこと、他の教師や生徒も快く参加した。当時、村山第一中学校校長だった山本先生は、ピアノの披露なので、ゲストに松島詩子氏を依頼した。

松島詩子氏は松島音楽学園の校長でもあり、生徒の育成と同時に、ご自身も歌手としてご活躍の身であった。「村山第一中学校のピアノの披露にお出で下さるのかしら」と案じられていたことも記憶に残っている。

演奏会は一般の保護者も参加した。生徒達は自

ピアノ披露芸能祭で合唱。松島詩子さんのすぐ後ろで演奏した

分達の演奏もあるので、全員が参加していた。初めての試みで生徒も楽しんでいた。

そして当日、ゲストの演奏が終わった後、ピアノに赤い線が残っていた……。ゲストのマニキュアがピアノの鍵盤に残っていたのである。中学生の私には別世界の出来事の感触で、驚いたのと同時に楽しかった記憶がよみがえる。

前日の夜は、若い男性教師達がピアノを預けた会館に泊まり込んで、ピアノを守ったという話も、後になってから聞いた。今思うと、開校間もない新制中学校の職員にとって、この演奏会は大イベントだったのであろう。ありがたい行事だったたと回想する。

数日後にゲストとしてお出でになった松島詩子氏から「ピアノ披露の日に、ピアノを弾いていた生徒を預かりましょうか」と山本校長に連絡があったらしい。

私が音楽に逃避していた状況を松島氏がご存じだったかどうかは分からない。

しかし、山本校長先生に呼ばれて教員室に行ったときは、既に父親との話は済んでいた。父は「旅芸人にする積もりで育てていない」と、校長先生に反対の弁を述べたという。

「住み込みで働きながら音楽を学ぶ機会」は失われた。

校長先生からは「いいと思ったんだが」と今で言うスカウトされた事実を知らされた。

中学二年生の面談ではっきりと高校に行けない現実を知らされた。理由は「家業を手伝う」。父が戦前営んでいた家業を再開することを決断。織物業には女子の手が必要であることを理由に、またもや約束を反故にされた。

高校への夢も絶たれ、二度も親に裏切られて、生きていることさえも空しく、中学三年の私は狭山丘陵の山中を歩き回り、学校に行かない日もあった。母親の弟は、中学に行かない私を一日中、探し歩いてくれたとも聞いた。

学校には通っていたものの、全教科の授業を受けない、自分のクラスには行かない生徒だった。すべての学業を投げ出して、音楽室に籠っていたのである。

当時の音楽の先生の手伝いをして、下級生の音楽テストのピアノ伴奏を引き受けるなど、

音楽室で遊んでいることが多かった。

バイエルに夢中になっている私の姿を見かねたのか、国語の教師は放課後、音楽室に来て、無学の私にバイエルの楽譜の読み方から指の運びまで丁寧に教えて下さった。

その国語教師の兄は、映画俳優の山村聡という方だった。ご家族は戦争中都心から武蔵村山に疎開されていた。

音楽室で音楽を流す仕事に専念していた私は、明らかに高校受験は無理と決まってからは卒業式まで、登校から下校までの時間帯、放送室の音楽を流す仕事の他はすべて、音楽室でピアノを弾いていた。

学校の帰りは、同じ町に住んでおられた教師が音楽室に「おーい、帰るぞー」と迎えに来て下さった。ピアノに鍵をかけてから一緒に帰る日々。家にピアノの鍵を持ち帰ることも許されていた。

信じる心、最愛の恩師達

当時の恩師達は、苦しい時代の生徒の心境を察知する能力に富んでいたのだろうか。生徒も素直に信じられている安心感で人を信じる心が備わり、実生活の中で信頼性が培われていたのだと思う。

当時の恩師達はあらゆる手段で支えてくれていた。不良化しないで生きる道を模索する生徒を、しっかり見届けてくれた教師の姿勢は今も忘れられないばかりか、どんな条件であっても、自分を失わない生き方を模索する力を授けてくれた、最愛の恩師達である。

自ら不良化すると言明していた当時、ある教師は祭りの日の夜は、必ず我が家に姿を見せて母と話していたものだ。

私の動きを気にしながら、「出かけるなら言えよ、ついていくから」と、毎回、監視役だったのであろうが、我が家にはよく姿を見せていた。「何を話したか」知る由もなかったが、母と話すことも恩師は一つの目的であったのかもしれない。

夜の外出は殆どその教師がついていて、自由に歩けない状況だった記憶が強い。

この教師とは、いまでも連絡が取れている。施設で生活しておいでだが、面会に行って笑顔で再会はするが、話している内に名前を伝えると思い出すのであろうか。帰るときは当時の生徒を思い浮かべているようでもある。

音楽室に籠っていた私を支えて下さった恩師達

15歳の春

昭和二十五年三月、卒業する三年の四クラス中、女子で高等学校に進学したのは四名だった。

戦後間もない貧しい時代であり、女子は殆ど働き、高校には行かないのが普通だった。男子の大半は高校に進学したものと思うが、定かではない。農家の息子さんは、そのまま家の仕事に就いたと聞いている。そんな中での就学への執念は、姉妹への僻みだったのかと今は思う。

悔いのない生き方

昭和二十五年四月から、家業を手伝う日々が始まる。

織物業といっても小さな組織だったが、どうせやるなら悔いないよう精一杯やろうと、私は決意した。

生糸に色染めしたり、絣を作る板染め、糸巻きや綾取り、一反の反物の長さを決める仕事などなど、指導されつつ、あらゆる仕事をこなしていた。

糸染めの仕事では、手は黒や青や赤に染まる。だが、恥ずかしいなど考える余裕もなかった。

機織りとは、糸に色染めされた絣の位置を縦糸と横糸の絣を合わせて柄を作る。

織物業について丁寧に書くともっとたくさんの工程があるが、ここではどんな仕事をしたのかの紹介にとどめたい。詳しくは市内の織物組合に参考物件が揃っている。

朝は五時に起き、工場にある機織り機に座る。途中から、糸染めをしたり、自転車で織子さんの家を訪ねて、完成した反物を集めて回ったり。父の都合でその日、その時間に仕事を指示されて動いていた。ありとあらゆる仕事を言いつけられ、忙しかった。

織子さんとは、我が家の村山織物紬の反物を、各ご家庭で織って下さる方々である。織子さんは、糸染めの工程で生糸に染められた糸を、縦・横の絣を一本ずつ丁寧に重ね合わせて、大島紬の柄に仕上げる技術者である。

当時の私は、朝から晩まで働いており、自由時間などなかった。食事の後もすぐに機織り機に座る。勿論、給与などない。だが、月に五百円の小遣いは貰うことができた。友達と遊ぶこともない、映画を見ることもない、お金を必要としない日々だったが、華道の修業だけは続けていた。流派は池坊であり、その月々の月謝と花代で小遣いは消えた。

趣味の会に参加

働く日々は、物思いに耽るときでもあった。

ある日、新聞記事を見て「行ってみよう」と即、心に決めたグループがあった。グループ名は「ラックロース」。「おいらは苦労する」をもじったそうだ。

仕事で八王子の問屋に品物を届けに行った後、そのグループを訪ねた。

男性五名と女性一名の小さなグループだった。

趣味の段階だが、ものを書くのが活動の中心で、散文から俳句、短歌、詩と何でも良い。書いたものを持ち寄り、語り合う遊びのグループだった。

もともと逃避の時間潰しにものを書いていた。ただの遊びが、月一回の集会の楽しいグループへと繋がり、自らの生活に生き甲斐が生まれた瞬間だった。

それまでに書いていた俳句、散文、小説のようなものを提出した。グループの小冊子に載った作品は短歌が多かったと思う。作風はアララギの小冊子を読んでいたのでアララギ派に近かったらしい。集会で添削されることは勿論だが、アララギという月刊誌を読んでいたこともグループからは評価された。家業の手伝いに明け暮れていた、当時の心の励みになっていた。

アララギの東京支部の会は、毎月、お茶の水にあるニコライ堂で開かれていたが、参加して指導を受ける機会はなかった。社会福祉事業を開設してからは、アララギの月刊誌を求めることもなくなってしまった。今思うと残念なことである。

家業の手伝いに入って四年間が経過したある朝、父が姉の花嫁修業が終わったことを告げた。

「今度はおまえの番だから」

19歳の春である。

私は家業を手伝っていたが、姉は女学校を終え、洋裁学校、次に和裁と稽古に励んでいた。境遇が全く違うので、姉妹でも仕事の話も殆どしていない。

当時は結婚するまでに「稽古事を済ませないと嫁げない」という言葉もあったくらい、女子が結婚前に稽古事を修めるのは自然であった。

第二章　保育士を目指して

家業から解放される

お金はいらないから時間が欲しい

父親の仕事を手伝っていた間に、自分はどう生きたいのか、私は自分の人生を考えていた。

保育士か和裁士かの二者択一だったが、前者を選んだ。

保育士を選んだ理由には、戦後のラジオドラマ「鐘の鳴る丘」の影響が大きい。戦災孤児の養護施設を舞台に毎夕放送されていたが、仕事中でも、これだけは聴き逃すまいと、熱中していた。さまざまな出来事はあったが、特に魅せられて職業選択にまで結びついたのは、施設を訪問した婦警さんに憧れたガンチャンと呼ばれていた男児が、婦警さんの後を追う回である。子どもの心理に魅せられ、感動した。

「養護施設の子ども達とともに生きていきたい」と、将来の自分の生き方像が湧き上がった。保育士への夢が大きくなっていた。

「保育士の資格を得たい」という目標が生まれた。

新制中学卒業では、保育資格取得のための国家試験を受験することはできない。だが、保育所での三年間の保育実習を積めば、高校卒業と同程度と見なされ、国家試験を受けることができる。

国家試験を受験するためには、保育実習が必要だった。それを実現するために、父に「保育実習の時間が欲しい。花嫁修業の予算はいらない」と、保育実習に通うのを許可してくれるよう懇願した。

父親は姉のように花嫁修業をさせ、娘を支配しようと思っていたのであろう。しかし、考えていた方向に進まない娘に困惑したのか、玄関先で二、三発殴られた。当時は女性が職業を持つ生き方など理解できる時代ではなかった。

酷い仕打ちを受けたが、自分が求めていた道に進めるチャンスだったから、耐えられた。むしろ「これで自由になれる」と思えた記憶の方が強く残っている。

実習開始

家業との両立

我が家から自転車で通える範囲内に、新設の保育所があった。町で唯一、先駆的に開所された施設で、面接の日に「明日からでも」と言われて、七月から実習に入った。

保育室は一棟の大部屋。そこに、3歳、4歳、5歳が仲良く一緒に生活していた。

地域に望まれて出来た保育所なので、保育室の不都合ささえ問題にもならず、地域に親しまれ、貢献されていた施設だった。

保育所は寺の境内にあり、長閑な雰囲気であった。広い庭には山桜や紅葉の大木がたくさんあり、鬼ごっこもこの大木をぬって遊ぶなど、遊び道具としても活用していた。

子ども達に囲まれて、その日から好きな音楽とともに楽しく遊ぶ生活が送れるようになった。

中学生の頃は、思うようにならない苦しみから逃れるために弾いていたピアノが、楽しい生活の一部、子ども達に喜ばれる存在になったのである。

ピアノに救われて生きていた経験が、仕事で活かされるとは、保育実習が始まるまでは考えてもみなかった。

「恵まれている」と実感した瞬間でもあった。

事業主のお嬢様は養成校に通い有資格者だったが、もう一人の保育士も実習という立場であった。チームワークも良く、業務分担も自主的に自然に動けたので、生活に無理がなかった。今でも懐かしく子ども達と楽しく遊んだ光景が思い浮かぶ。

当時の給料は月四千円。資格のない実習期間であったから、無給でもやむを得ない立場だったが、きちんとお給料を頂けた。当時の我が家にはありがたい待遇だった。ピアノが弾けたので即戦力として迎えられたことは幸いであった。

昭和二十年代、園庭で子ども達と遊ぶことが一日の大半である。音楽を楽しむ時間も少なく

実習生活での運動会

はないが、一般的には輪の中にプレーヤーを持ち込み、レコードをかけて聴いたり踊ったりが主流だった。必要に応じて、オルガンやピアノを弾くということは、子ども達に音楽を届けるという点において、大きな役割を担うことでもあった。

保育所の仕事が終わると自転車で家に帰り、着替えてすぐに機織り機の前に座る。保育実習を続けられるかどうかは、夕食までの間にどれだけ機織りが進むのか、毎夜、家業の手助けがどれだけできるのかにかかっていた。

家から日中の保育時間は容認されていたが、その他の空いた時間帯は家業を手伝うことが求められていたのである。給料は全額父母に渡しても家業を手伝うのは、自然の流れになっていた。

実習期間の三年が終了

そうして三年が過ぎた。保育士資格取得のために、国家試験受験の準備を始めたいが、町内には書店が少なく受験科目に必要な専門書が手に入らない。そこで通勤途上に専門書が求められる地域への転職を申し出た。保育所の事業主も快く承諾して下さって、国家試験を受ける準備のためにバス通勤となる。

幼稚園に採用

転職先は幼稚園であった。保育士としての資格はないが、経験があるとの理由で採用された。

いきなり、当幼稚園に5歳児として通っていた子ども達のクラス（四十名）と、新年度の入園児のクラス（三十七名）の担任となる。

四月一日から出勤し、飼育動物の世話だけは求められたが、入園式前の準備段階から何の連絡も相談もない、慣れた職員が動いていたのであろう。クラス運営が心配になり、勝手に自分のクラスの行事計画やカリキュラム作成に入った。事業主は穏やかな方で大部分は本人の裁量に任せるというタイプのようであった。

通勤バスから降りると、停留所の近くに住む他クラスの子どもと手を繋いで幼稚園に向かう日々だった。

保育者として重要な体験

幼稚園の保育時間が終わり帰るまで、教室の片隅に母親がいて母親の姿が見えないと、不安で幼稚園にはいられないという子がいた。言葉も不自由で、友達も出来ない。

このままの状態で一年を経て良いのか。一人の自立した人間として、人生を送るように育てられるのか。

担任として、また保育者として、新学期が始まって以来、この男児のことが脳裏を駆け巡っていた。

保育士にも近寄らない姿を見ていたある日、まずは、母親がいなくても幼稚園生活ができるようになることを目標に母親と相談。計画を立てた。

「男児の心の自立、周りを見える子に」を目標に、計画し実行してみることになる。

母親は心配しながらも、納得し、協力してくれることになった。

計画の実行は、五月の連休前の土曜日を選んだ。

週末に勤務を終えて帰宅するバス停に、母親が彼を連れてくることを約束していた。

母に連れられた彼は何も知らない。バスが走り出す寸前に、私は彼を抱えてバスに乗り込んだ。

彼は全身で抵抗した。しかし「バスの中よ、静かに」との私の言葉を聞き入れてくれた。さらに「大丈夫よ、先生のお家に行くんだから」と囁くと、涙をいっぱいため込んだ目で、立っている私をじっと見上げている。

「バスの出入り口なので危ないから、後でゆっくり話すからね」と、また小さく囁いた。諦めたのか、信じてくれたのか、三十分後にバスを降りると、何事もなかったように手を繋いで、我が家にたどり着いた。

私の母親にも計画は伝えてあったので、我が家も慌てることなく彼を迎え入れてくれた。一緒に風呂に入り、夕食を済ませて、布団に入る。当たり前の生活だが、彼にとっては初めての家でもあり、緊張していたのであろう、疲れてすぐに寝入った。

翌朝になり、「お泊まりできちゃったね」と声をかけると苦笑いしながら、「うん」と答える。

私の母が「凄く偉いね、いくつ？」と聞くと、指で六を示した。私は5歳児のクラス担任であったが、彼は病気のために一年留年している。食も細いのであまり食べない。「おうちまで送っていくからね」と、声をかけながら一緒に食べてると「いつ？」と彼が聞いてきた。

「片付けてから行く。待ってて？」

頷く彼に、早く帰りたいのであろうと察した。

お話があるの

「もう母さんが毎日幼稚園にいなくてもいい？　先生がいるから」

じっと見ていた彼の目は頷いていた。

「分かってくれたんだ、嬉しいな。帰ろうか」

言葉数は少なく単純だが、彼は理解力がある。くどくど言うより信じていると暗に示す言葉をかけるように努めた。

十時頃のバスで三十分かけて立川駅まで出る。そこから、彼の家は徒歩で三十分。待ちくたびれたのか、彼の母親は道路に出て待っていた。私達の姿を見ると、嬉しそうに駆け寄ってきて、我が子を抱き上げた。

私の家族と親しくお泊まりできたことを伝えて「お父さんに宜しく」とだけ言って帰った。

生活経験の浅い子ども達は、初めてのことには緊張するが、受容する力も備え持っている。自信が持てると成長するのも早い。彼も卒園まで病気以外は欠席することもなく、友達を自ら避けるような仕草も少なくなり、園生活を彼なりに楽しむことができた。

彼が小学校に入学する際、普通学級にと書類は揃えたが、途中から特殊学級に移動したと聞いている。中学を卒業した彼は、社会福祉事業で用務員の手伝いとして就職したが、一緒に仕事をする人に彼の力量が理解されず、半年で退職せざるを得なくなってしまった。両親に離職手当のある期間に仕事を見つけるようお願いしたが、彼自身は全国の地図を広げて自分で行ってみたい地域に、自ら乗車券を手配し旅を続けていると聞いて、安堵した記憶がある。

コーラスの発表会

三学期の寒い時期、保護者のコーラスグループが取材されるとの連絡を受けた。

取材当日、〝歌のおばさん〟で知られていた安西愛子さんが幼稚園に一緒に来園されて、歌の指導は安西愛子さん、私はピアノ伴奏の役割となった。三月に入って、保護者のコーラスがラジオ東京（現在のＴＢＳラジオ）から流れた。

取材当日のことや新聞社名は、今は定かではないが、多摩版に掲載され保護者が持ってきて見せてくれた。その新聞記事は今も書庫にあるかもしれない。

結婚する

この頃、結婚をした。相手に「国家試験を受験し保育士資格を得たい。学びたいこともたくさんあり、生涯仕事を辞めたくない」と、結婚後の生活に希望を述べたところ、受け入れられたので、結婚へと踏み切った。

新しい職場に移った翌年、昭和三十六年に長男を出産した、資格もない保育士を雇わざるをえない状況であるのに、産休を取るなど、事業主は快い状況ではなかったと思うが、生活では辛い思いをすることもなく保育に専念できた。

保育士としての資格を取得

国家試験は、まず東京都で四科目を受験。同じ年に栃木県で二科目を受験。翌年、全科目の受験を終了。東京都知事名の資格証を受領する。

この年は、日本でオリンピックが開催された年であり、越してから、初めてテレビを買った。

東京タワーの四階で放送されていた番組に長男を連れて出演し、確か『下町の太陽』を歌った。頂いた謝金で掃除機が買えた。電化製品が普及し始めた頃だった。

当時の司会者は人見明という方で、私が歌っている間、その方が長男を抱いていてくれた。

日本社会事業大学を受講していた頃

第三章　保育施設の開設

無認可施設の自然発生的な開所

日産の村山工場が出来て、働きに行く人が多くなった。

我が家は旧青梅街道から日産の工場までの間の畑の中に建てられた一軒家だった。

「お子様をおいていってもいいよ」と知り合いの人に声をかけたところ、その一言が広がり、四十名もの子ども達を預かることになってしまった。

こうなると自宅を開放しても入りきれない。やむを得ず庭先にプレハブの別棟を建てた。友達の保育士にも手伝ってくれるよう依頼した結果、いつの間にか無認可施設が始まってしまったというのが現実である。

昭和四十一年四月、武蔵村山市に無認可幼児園を開設する。

当時、南北に細長い百坪の狭い土地の北側に自宅、南側に保育施設一部屋を建て、真ん中が子ども達が遊ぶ庭という状況で、保育事業は始まっていた。

認可施設へ

見かねた地主さんから、「こんな狭い場所では遊べないだろう。この土地を使いなさい」とありがたいお言葉を頂いて昭和四十二年、現住所に保育施設を構えた。

旧青梅街道から日産に行く公道を挟んだ借地に一棟の建物。木造で二つの保育室を新築して、自宅の一棟を移築した。

無認可施設も開設二年目にして3歳、4歳、5歳の三保育室で八十名、保育士は自分も含めて三名になっていた。

昭和四十二年になると、東京都の多摩事務所から指導的立場の小野さんが来園されて、「これだけの需要があるのだから認可施設にしなさ

初年度。自宅開放時の園庭

地主さんの好意で土地を提供していただき開かれた保育施設

二階建て園舎の落成式

い」と指導を受けた。

認可を受けるための作業に入るが、書類を書く時間がとれない。保育の仕事と家事に追われ、徹夜で書いたこともある。東京駅から徒歩で五、六分の所にあった都庁に指導を受けに通った。

当時はカーボン紙を入れた三枚複写の書類であった。徹夜もあって提出の日に東京駅で眠ってしまった記憶もある。大変だったが、認可申請書を自分の手で完成させた。

そして昭和四十三年十一月、社会福祉法人高原福祉会の認可が下りる。

続いて、認可保育施設開園のために四十三年度中に鉄筋の二階建て園舎工事が着工。昭和四十四年三月には完成。四月に定員百三十名で、東京都認可施設「村山中藤保育園」としてスタートした。

第四章　保育内容の研究に動き出す

保育内容の研究に入った根拠

乳児の姿に疑問を抱く

保育園は0歳児九名を認可定数に入れる条件で、認可施設となった。

昭和四十年代、幼稚園も保育所も幼児の受け入れはあったが、乳児保育は普及していない。乳児保育が認可施設開設の条件になるほど、乳児を受け入れる施設は全国的にも少ない時代であった。

四月の開所時に10ヶ月児九名が入園した。

衝撃を受けたのは、生まれてたった10ヶ月なのに、これほどまでに個性があることに愕然とした。

当時は、育休制度もなく親に育てられなかった子ども達には特有の様子があり、「なぜ？どうして？」と気になり、どうしてこのような状態に育つのか、気になる子ども達を育てた人を可能な限り訪ね、育て方を聞いて回った。

保育内容研究の原動力ともなり、今でも忘れられないのは次の三例である。

【例一】

体重十一キロの男児。保護者から預かり、布団に入れるとそのまま、何時間でも動かず、泣きもしない。無表情で保育士が近くを通っても反応もしなかった。ホスピタリズム（施設病）という言葉も保育の世界には流れていたが、正にこの様相がホスピタリズムだったのだろう。

施設のベッドでたった一人、タオルの上に置かれた哺乳瓶からミルクを飲まされ、ベッドから哺乳瓶が落ちてしまっても、誰も拾って飲ませてくれる人がいない環境にいたのであろうと仮説を立てた。

【例二】

人を信じない男児。誰が相手であろうとも応答的なかかわりをしない。生後2ヶ月から保育所に入所するまで、預けられた家庭が三ヶ所もあった。

預かってくれた人の抱き方や声などを通して、2ヶ月児なりに相手の人柄に順応する力を発揮しようとするものだが、その間もなく、次々と預かる家、人が変わり、安心できなかったのであろう。心の拠り所が得られなかったために、人を頼れない様相が身についてしまったのであろうと仮説を立てた。

【例三】

食事はうどんが好き、這うなどの身体の動きは順調に育っていたが、人とのかかわりで不快な思いになると、両手で髪の毛をむしり、唇がチアノーゼになるほど口惜しがる。一呼吸して落ち着かせると両手に五、六本の髪の毛を握っていた。

この子を育ててきた人にお話を聞いた。

お子様を預かっていることを近隣の人達は知っている。泣き声が周囲に聞こえると虐めているように思われるのは嫌なので、泣くたびに抱き上げ、「カラスだよッ」とか、「飛行機が飛んでるよッ」などと指さして興味を持たせ、泣き止ませる方法をとってきたとのことだった。つまり、泣く原因を追及するよりも、まずは泣き止むのを優先させる育て方だったのだ。

泣くのには原因がある。

泣く原因を探さず、心を曖昧にさせられるような育てられ方で拡大した、心理的な負担の捌け口が自傷行為に至ったのではないか。

まだまだ遺伝説・環境説が混沌としていた時代でもあったが、預かる側の責任の重さを痛感すると同時に、性格形成期の環境に疑問を抱き始めていた。

今預かっている子ども達に可能な限り尽くしたい。大事な子ども達を預かる施設をつくってしまった立場であり、「知らない」では済まされない。

そう思うといてもたってもいられず、知り合いの東京大学の教育学部の、主として教育行政を担当していた恩師を訪ねた。

翌朝の三時近くまで、気になる子どもの姿と教育学について議論し、現場を知って欲しい、現場を助けて欲しい、と切願した。私の思いが届いたのか、「あなたの話を聞いていると放っておけない、学びなさい」の一言を頂き、恩師の研究室（東大の教育学部。毎週木曜日の六時から九時まで）に通学できることになった。

保育内容の研究開始

そのとき、我が子は小学一年生と三年生。通学は、仕事を持っているので週一日のみ。

毎週木曜日は三時に職場を離れて我が子の夕食を作り、四時に車で東京都心の本郷に向かった。

研究室では、午後六時から九時まで大学院生とともに教育心理学を学んだ。

初めはブルーナーやペスタロッチ、ピアジェなどの教育学者の理論を優先した議論だったが、徐々に現実の姿を率直に述べて、子どもの発達の様相から見える教育心理学を中心に、理論との接点を議論するようになった。当時の院生には現在ある大学の学長に昇進された人もいる。

この三年間で、「新生児期から0歳児期の生活が人間開発の基礎である。この時期は、知能・体力・情緒、すべて人間としての開発が主流で、環境の影響を強く受けながら子ども達の成長発達が営まれ、育ってゆく」と学び得られた。

子ども達は、どんな状態で生まれようとも、自ら育つ力を秘めていること、そして自ら自然に育とうと、環境に順応する力が備わっていることを知ったのである。

保育理念の形成

この学びを通じて、「人間は平等である。差別をしない」との保育理念を掲げる施設運営になった。

当然、子どもの心配ごとを抱えた保護者は安心して相談してくる。不自由な状況の子どもも達も少なからず入園してくる。保育園は東京都一九七三年版シビルミニマムの一部になった。

その後も、身体の仕組みを知らないと不都合な姿を理解できないと考え、身体の仕組みを知るために不都合な子どもを通して板橋病院に通い、医学を学んだ時期もある。

人の心を読むカウンセリングもお二人に学んだ。先駆者である友田不二男氏には目白にある日本カウンセリング・センターに、岸田博氏には東京農大の講座に通った。小学五年生の娘を連れて軽井沢で開かれたワークショップに参加したこともある。

昭和四十年代は保育現場の必要性に追われるように研究室に通い詰めて、保育内容の研究に没頭していた。

職員との共通理解

カウンセリングを学んだ一番の理由

カウンセリングを学んだのは、自分の学んだ保育学の理念を職員に押しつけたくないという理由もあった。保育士は命を預かり、性格形成期の子ども達を保育するという重責を担っている。そんな保育士達と職員会議や保育内容について議論する折には、同じ視点を持ちたい、保育をする職員を信じ、子ども達の育ちを託したいと考えていたからである。

その趣旨は職員も理解している。

ケース会議

園では「ケース会議」という会も定期的に行った。会議の用紙（身体、心、知能など細かく区分されている）に気になる子どもの担当者が書き込み、会議で提示しながら、自ら細かい所まで発言し意見や指導を求める会である。

会議には、知識の共有や、子どもへの理解を求める意味で、担当者以外も自由参加である。担当者と保育経験者の出席は、アドバイスの意味で当然であるが、他の職員もよく知る子どもを取り上げる場合、意見交換の場ともなる。さらには専門的な話も入るので、自然と参加者が多くなった。

全職員が子ども達を護り育てるという姿勢が定着していることの表れであり、安心である。

その一方で「気になる子」、すなわち多くの子ども達の中で不都合にとまどっている子どもの姿を見かけると、その原因の探索と本児の受け入れやすい環境を、担任と相談するということも行っていた。職員を信じて子ども達の保育を預けながらも、その傍らで疑問難問を見つけて思い悩む時代が続いていた。

疑問難問は子ども達のことばかりでは無かった。職員と共に考えたり工夫したりと、日々の生活には「何でこうなるの」と思い知らされる事もあった。

知識の共有

毎年、前年度末の休日に全員集まり、新年度発足に当たり、年間運営のための研修や約束ごとの全体像を決める日がある。

さらに新学期が始まり、子ども達が園生活に慣れるまでの期間にもうけられている「慣らし保育」期間の、保育園児の少ない時間帯を利用して、各年齢の発達期を中心に丁寧に細かく「子ども達の発達を見届けて欲しい」と会議を組んで、質問にも詳しく説明している積もりであるが、「何でこうなるの？」と保育の現状に落胆することもあった。

2歳児の排泄の問題

午睡中に何人も「おねしょ」をするから「布団乾燥機」を買って欲しいと、保育現場からの申し出があったと園長から聞かされた。

買うのには問題を感じないが、太陽に当てて乾燥する方が遙かに衛生的であること、自然界とともに生きている人間社会の望ましい考え方など伝えたかった。

2歳は子ども達の臨界期である。「自然発生的な排泄のサイン」の話はどこに消えてしまったのか。

保育現場にいる保育士としての役割はどうなっているのか、年度当初に出た「発達」の話はどこに消えてしまったのかと、怒りを感じた。

排尿の意識化は陰部神経網の働きである。発達期である2歳前後になると、尿意を感じた際には、ブルブル震える、あるいはドタバタ動き回るなど、身体でサインを示している。その姿を見て、大人はトイレへと誘導し排泄するよう促す必要がある。しかし自らのサインを大人に見逃されて、身体の変化は尿意によるものであることを教えられていない子どもは、3歳に至っても「自らトイレに行って排泄をする」という考えが浮かばない。尿意は感じていても排泄の意識化が育てられていない。そのため、考えられない姿で生きている例もある。

「そのサインが発見できたときは、排尿であることを子どもに知らせて意識化を図る」子ども達が、排尿感覚をしっかり覚えて、そこではじめて、自らトイレに行く習慣が身につく時期である。この役割を外しては、保育士が存在する意義が無くなると案じた。

要するに尿意を催した際の感覚を脳が自覚して、はじめて自立へのスタートになる。これはきわめて重要な保育内容であり、人間として育てる感性なのである。

身体の自律神経の働きは本人の意識に関係なく身体に現れる。午睡中だからといって自律神経が働かないことはないのであり、排尿のサインがないとは考えられない。

この事例は、保育士達が子ども達のサインを見届けていない、保育士としての人間を育てる仕事をしていないことになる。単なる預かり保育になっていたといえる。年度当初の研修の意義、「学ぶ姿勢と研修に参加させられている態度の違い」を考えさせられた。

1歳児の運動発達能力と遊び道具

不可抗力なのか、過失なのかを問う事故もあった。

1歳児の室内遊び遊具に、ドラムというカラフルな玩具がある。高さ十センチ幅直径三十センチ位の丸い遊具である。

保育士は運動発達を支える目的で、カリキュラムに沿って受け入れ、準備の段階で室内に幾つも置いていた。十時頃に遊びが軌道に乗って仲良く遊んでいたが、遊び慣れてくると1歳児にも持てる重量なので、自然と重ねる遊びに発展していた。同室の保育士も初めは楽しそうなので黙認していた。

しかし、重ねて遊ぶ楽しさを超えて上に乗る姿を保育士は見落としていた。三枚重ねた上に乗っていた一人が転倒したのである。転倒した子どもは左腕を痛がり、慌てて病院へ搬送したところ、骨折と診断された。

保護者には、子ども達の遊びを工夫する力と、高さの説明をして深くお詫びした。「男の子三人目で腕白だからと」と咎めず、「ギブスをして固めてあるので、明日も通園しても良いか」と尋ねられた。「仕事の都合で半日でも」と求められ、「分かりました。安全な遊ばせ方を検討しておきます」と答えるしかなかった。

怪我をした子どもを安全に預かるためには、職員間の理解が必要である。全職員参加の集会を開き、怪我が起きた状況と、突然起きた事態と母親の就労を伝えて理解を求めた。

午前中は職種の枠にこだわらず、用務員など仕事の業務の役割を超えて「子の安全を第一優先に判断する」。そして全員がそんな状況下にある保育園の日々を自覚することなどを依頼した。

職員からは、「自分の役割も実践しながらも仲間への気配りが可能になるような配慮をする」と回答があった。「母親からも一週間後は職場の理解が得られたから」と連絡があり、職員の配置も一週間後に元の体制に戻った。

怪我した当日の経緯は、次のようなものだった。

保育室を覗いたときは、三枚重ねた高さは三十センチ、1歳児なのでキチンと重ね合った状態ではなかった。不安定に重ねられた状況のドラムの上に乗れば当然、落ちることは明らかであった。保育士は、子ども達がドラムを重ねて遊ぶ様子を見て、三枚重ねる危険性を考えなかったのか。

過失責任を案じた理由は、1歳児の発達期から考えられる遊具の高さに問題があった。ドラム一枚の高さ十センチは、1歳児が飛び降りる力を発揮するのに有意義な遊び道具である。だが、三十センチは1歳児として安全圏は見守られていない。3歳児レベルになる。起こるべくして起こった事故であり、不可抗力ではない。そのため過失責任は免れないであろうと案じたのである。

保護者のご理解に救われ、咎められることもなく不可抗力の範囲で許されたが、どんなに優れた遊具教材でも、遊具の特性に加算される子ども達の遊びを工夫する能力、これを同室の保育士は自覚して、目の前の子ども達の姿を想定する必要がある。

発達期から見てどうなのか？　保育士の一層の知識に委ねられる事態なのである。

4歳児の骨折

5歳児になると、運動発達から考えられる腕の力の重要さがある。鉄棒の前回り・逆上がりは好んで遊ぶ遊びである。その前段階として、4歳児期に腕を鍛える意味で園庭には雲梯《うんてい》という遊具が備えられている。

「先生、見ててぇ」「ねぇ、見ててよ」などと、子ども達の近くにいるといつも求められる。できるようになって嬉しい、確認して欲しいと叫んでいるように思えるほどに、声をかけられる。

その日は食事前のひととき、最後まで渡れるようになった4歳児が「見ててよッ」と担任を呼び止めて雲梯を渡っていた。

だが、すぐに食事の時間でもあり、室内に走る子どももいて、担任は一瞬、雲梯の子どもから目を離した。その瞬間に落下してしまったのである。

地面から4歳児の靴までは、二十センチ位離れていた。地面に落ちた際に右肘を打ってしまい、子どもが「痛い」と泣き出し、担任も「ご免なさい」と泣き出すなど、今でも当時の状況が目に浮かぶ。

車に二人を乗せ、知り合いの治療院に向かったが、途中で泣き止んだので「失敗しちゃったね」と声をかけた。

「ううん」

「でも強いね、お腹空いたでしょう?」

「ううん、空いた」

車の中での会話で少し気分もほぐれたと感じていた。

「ママにも連絡したから病院に来るって」

「本当」

嬉しそうな声だった。

少し待たされたが、医師は「強いなぁー」と言いながら腕を見て、

「すぐ治るよ」

と、なだめて下さった。

診断は複雑骨折だった。母親が病院に到着して子どもの元気な姿に安堵したのか、笑顔で面会できた。

院内なので丁寧なお詫びはできなかった、担任も謝ったが、

「頑張った子どもを褒めたいです」

と、母親は怪我には触れず、その場は終わった。

医師から怪我の様子や治療の方法などの説明を受け、帰り際に、

「大丈夫ですよっ、自分達で通院しますから」

と、快くおっしゃって頂き、そのまま子どもは母親と家に帰った。

預かった時間内での怪我なので、誠心誠意お詫びした。担任のこともやむを得ない状況だったことを理解して頂き、お見舞いに行ったが完治するまで園は欠席だった。

勿論、保険があるので、すべての費用の領収書の提出を依頼した。

「お世話になって良いのでしょうか？」とおっしゃって下さったが、

「当然です。通院も保育園がしなければならないのに、お母さまにして頂き、申し訳ないです。ありがたいです」

と申し上げた。

保育園の保護者は通常は働いている。なので子どもの通院のための欠勤は、補償される場合もあると伝えて、日給の単価も知らせて下さいますか？　とお願いした記憶がある。

第五章　すべての子どもの育つ力を見守る

幼保一元化

子ども達の発達に優劣はない、どの子も育つ力を秘めている

園長として現場にあったとき、乳児期から就学までの環境による経験の大切さを重要視し、保育内容の一元化を理念として掲げた。そして社会的にも施設内や園庭にも、環境の整備に励んだ。

子ども達は自ら遊びに挑む。環境を利用する能力に格差はない。施設によって子どもの育ち具合が異なることはあり得ない。すべての子どもが平等に、現代の文化水準の中で育つ権利がある、との理念を掲げたのである。

認可施設の開設にあたり、改めて施設名と職員の待遇を考えていた。無認可の時代の保護者の中には、幼稚園を希望していた人もいらっしゃった。しかし「公的な資金でないと職員の身分保障はできない」と、幼稚園、保育園で勤務した経験から、運営責任者として

そう考えたのである。

保育園の認可を得たが、保育園は教育機関ではないと巷では保育園の評価は低かった。昭和二十六年に児童福祉法が制定されたが、母親の就労を支えるために始まった託児所からスタートした保育所である。働く時間に合わせて子どもを預かるので、保育時間も母の都合で決められていた。午後から出席し夜は八時までなど、不規則な時間帯で保育内容も当然一様にはできなかった。安全に預かる時代でもある。保育内容も子どものために組みたい保育士達の葛藤もあったようである。

月曜会「日本保育協会」の発足

「6対1」から「3対1」へ

大袈裟なことを言う積もりもないが、当時の研究者メンバーを考慮し、少し書き残すことにする。

昭和四十年代、乳児を預かる施設は時代の最先端であった。乳児保育の指導書もなく、先駆的な保育士の力量にかかっていた。そうした保育士達が集まり、日本保育協会の中に保育のプロ集団、乳児の保育内容研究会である「月曜会」が発足。乳児保育の実践の中から、貴重と考えられる内容を、各自が記録し持ち寄り議論していた。

当然のことだが、乳児保育の前例が少ないので、巷では必要に迫られ預かっても場当たり的な保育にならざるを得ない実態もあった。そんな時代、乳児保育の望ましくあるべき姿を求めての月曜会の発足であった。乳児保育の実践の中から、各自の研究を提出して議論し合っていた。私も不自然な育ち方をしている子ども達についての具体的な研究の報告や、生まれたときは正常だったのであろうと仮説した研究など、シビアに実践例を報告して議論し、さらに研究を深めていた。

中には行政に対して働きかける動きも生まれた。

当時、厚生省（現・厚生労働省）の予算の関係から、保育所において乳児六名に対して保育士は一名という配置であった。しかし「乳児六人対保育士一人の配置で安全に預かれない」「緊急時、歩けない子ども達をどのようにして、一人の保育士が六人を外に連れ出すのか」と、具体的に一人背中に乗せ両脇に二人抱えて実演した。

残り三人をどうするのか。置いて出るのか。

厚生省の役人が毎回月曜会を傍聴していたが、あるとき「やるよっ」の一言があった。

翌年、全国一律に乳児三人に保育士一名と制度化されたのである。
この他にも、月曜会の毎週の議論から生まれた乳児の保育には、特に、

・人間としての人柄の形成期、応答的環境を重視する
・0歳児の要求を受け止められる保育士像
・子ども達の自ら育つ力の発達発育感を科学的に理解できる保育力

など、望ましい保育士像も生まれていた。

第六章　子ども達が育つ力を発揮できる環境と保育士の観察力

子どもは本来、目の前のものに興味や関心を抱く。それらを触ってみたくなる気持ちから、遊び心が生まれ、遊び始めるきっかけになる。こうした子ども達の自然発生的な遊び心、好奇心を大切にしつつ、保育士はその発達期や年齢などを考慮して、子ども達が育つ力を発揮できる環境を整えてゆく。

その場を利用する子どもを中心に、遊び場を想定し、環境を準備すると、流れるように遊び始め自ら育つ力を発揮して黙々と遊び、成長発達に挑み始める。これが子ども達の自然な姿である。

しかし、保育士の保育環境の観察力、洞察力によって、子どもの遊び方による発達の違いなどの発見は難しい。十分な環境の整備と、遊びを見守れる体制を構築する意味で、職場における保育士の立場の重責を明記しておきたい。発達期に欠くことのできない特徴を端的に述べる。

子ども達は生まれながらにして育つ力を秘めている

子どもから学ぶ

子ども達は出生時、育つ力を備え持って生まれている。

さらに環境に純粋に順応し育っていく力も備え持っている。


わずか二、三年という短い間に、知識や技術は非常に未熟ではあっても、一応人間らしい基礎が育ち、身体を動かす能力や知能、情緒など、人間として生きていくのに必要な機能や能力が開発される。

そういう意味で、0、1、2歳児は最も重要な時期であると考えられる。

身体的発達

新生児と言われる時期は、反射運動と言われるでたらめな動きが多く見られる。

それらの動きは、中枢神経などの発達準備のように思われ、子ども自身の力による動きではないようである。

二、三ヶ月と月齢が進むにつれて、体重は出生児の二倍になり、一般的に言われる、「首が据わる」という発達も見られる。

このあたりから自分の思いで、あるいは赤ちゃんなりの意志で、自分の身体の操作が可能になってくる。

そして段階的に肩、腕、腰という具合に上部から下部へ、また肩から肘へと発達の流れが見られる。

足が思うように動かせるようになって、初めて歩くことができるようになる。

指の発達は、2歳の誕生日を過ぎた頃から著しい発達を見せ、指先に神経を集中させる等も、この時期に発達する。

これらの発達期に有る子どもの保育は、動き出そうとする子ども本来の力を基盤にして、0歳児期は部分発達を、1歳児期は歩行を十分に、2歳児期は末梢部までの発達と、全身の運動機能の発掘を意図した全身運動を多く取り入れる。

また生きるための栄養に加えて、発育のための栄養補給や、栄養士や調理師との連携を密に行い、健康に生活を営むための身体作りを踏まえた保育計画や実践が望まれる。

しかし、乳児の運動発達を促すのに相応しい遊具や備品の少ないのも事実。

手作りの備品考案も良いでしょう、身近に有る備品類を工夫するのも一つの方法である。例えば平均台をくぐる事によって、首筋の筋肉や腕の力の加減などが育つ。危険性に配慮しながら用途の工夫をするなど、育ちやすい環境を用意すると、子ども達は自ら遊びに挑み、育っていくようである。遊びの中にも、意図的にねらいを持って全身の確かな発達を援助することが望まれる。

人間性の開発

本能的に飲む、眠る、排泄をするといった状態だった子ども達が、1歳の誕生日頃になると、片言を言ったり伝い歩きを始めたり、人の顔を見分けるようになる。

このような急激な発達は、中枢神経と関わる脳の活動が主軸となり、五官「体内の機能」を作用することによってもたらせる。身体の発達をはじめ共に生きるための言葉や相手を思いやれる感性などの人間形成が成されていく。

しかし、器官とかかわる感覚機能、五感「視覚　聴覚　味覚　嗅覚　触覚」の働きで、新生児時期からの生理的な、快、不快のような内面活動と同時に、子どもが生活の中で受けた刺激によって、動きが誘発されたり、情動が生じたり知能が認識を広めたりなど、人間開発がなされていくのであり、保育の意義と重要さがある。

生後3ヶ月頃には、あやされると笑うなどの発達がみられるように、外部からの刺激に情動を起こしたり、表情を表出するようになる。

信頼関係においても同じようなことが言える。抱かれたい等の要求や子どもにとって不愉快とか不都合など、何らかの方法で人を求めるサインを示している。

このように、毎日生活をしている場の人的、物的環境に影響されながら、見たり聞こえたりする事を受信したり発信しながら、精神活動をし、表情、動作、言葉などによって、その子なりのやり方で自己を表現できるようになる。その表現のしかたが、穏やかであるとか荒っぽい、すぐに泣くなど、その子どもの特徴が一定して人目に映ることになり、性格として捉えられるようになるようである。

「三つ子の魂百までも」と昔から言われているように、乳児期の保育は人間形成に最も大きな影響を与えるのであるから、周囲の大人の責任は大であると考えなければならない。

右に述べた環境は次の通りである。

物的環境――子どもが生きた場のすべてが、その子どもの環境になる具体的には、建物、建具、生活用具、「子どもが受け入れる鋭敏な五感」を刺激する全ての物。

人的環境――子どもが生きている場にいるすべての人の言葉や仕草

「育つ力の原点である五感の吸収力」によって、その子に子どもらしさが備わると言っても過言ではないほど、子ども達はその人の人間性に順応する。

「新生児期から0歳児期の生活が人間開発の基礎であり、知能・体力・情緒、すべて人間としての開発が主流で、環境の影響を強く受けながら成長発達が営まれ育っていく」どんな状態で生まれようとも、子ども達は自ら育つ力を秘めているのである。

自ら自然に育とうと、環境に順応する力が備わっていることを子ども達から学んだ。

0歳児期

0歳の発達で絶対に見落とせないのが、口の中の動きである。特に、授乳時に自分の力で吸い込んでいるか、乳児の舌や唇、顎の動き具合を確認する観察力は欠かせない保育力である。

口の中の動きは、1歳児期の発語に大きく影響するのをはじめ、さまざまな形で発育過程に関連する。

周囲の人の言葉を聞きながら覚える聴力も、言葉の発達には大きく起因するが、初めは母音のような音声に、舌や唇の動きが加わることにより発語が促される。

自らの発語もコミュニケーションの手段として周囲に認められて、そこではじめて語尾も自然に、自ら正しく発音できるよう試みている。

このように、自律神経に基づく口腔内の働きは、言葉の出発点である。

出生児のバビンスキー反射運動（新生児の原始反応として、生後3、4ヶ月くらいまで見られるものである）を経て、運動機能からくる自らの力で、首が据わり肩・腕の上で手

歩き始めて小動物と遊ぶ

と手の遊びが楽しめてくる。後に這う、立てるなどの上から下への運動発達には順路があり、歩き始める。

情動も、日々の生活の中の保育士や保護者との応答的環境によって、相手を信頼する心が備わる。

0歳期は心の形成期、人柄と見られる性格形成の基礎になる。

したがって子ども達を預かる側の人の責任は重い。環境要因として心得なければならない。

どのような人間性を備えて欲しいのか、保護者と共有できる対話も必要である。保護者の必要な時間帯を預かる必要もあるが、人間が人間らしく育つ人間開発期において最も重要なのが0歳期である。

発達を見届ける役割と同時に、かかわり合いの中で、人間として、子ども達が保育士を手本として吸収していることを意識して生活をする必要がある。

1歳児期

1歳児期に見落とせない重要な視点

1歳6ヶ月頃から2歳頃までに、子ども達は内臓の変化「陰部神経網」に気付く。身体の変化を感じて自然に身体で示す動作（サイン）が起きる。

保育士をはじめ、大人はこのサインを見落とさず、すかさず排尿であることを具体的に伝えてトイレに誘う。

言葉の発達に合わせて、1歳児期後半から陰部神経網の働きを身体で感じるようになる。

排尿の意識化である。

身体の変化に気付いた時、自らトイレで排尿をする自立へ誘うチャンスである。

人間は自然に膀胱に尿がたまると排泄をするが、内臓の感覚を意識していない0歳期はオムツを使用している。

1歳期後半から2歳の誕生日前後に身体の変化に気付き、知識として覚える時期にある。

3歳になってもオムツを付けている子どももいる。

4歳児期の羞恥心や自尊感情が芽生える頃になると、自らの排尿の意識化できない本人が苦痛であり困難になることもある。

子ども達の近隣で生活する保育士の知的活動は欠かせない。

子ども達は内臓の変化を身体で表現する。

例えば、ドタバタと動いてみたり、ブルブルと身体を揺すったりする。保育士がこの動作を見落とすと、排泄であることを伝えるチャンスを失うことになり、指導的なかかわりができないことになる。

自らトイレに行く習慣は、この時期の陰部神経網による身体の変化が排泄であることを、子ども達が知能で受け止められてはじめて身に付くものである。

指先が育つ時期（2歳3ヶ月から6ヶ月頃まで）

1歳児のクラスは、途中で2歳の誕生日を迎える子どももいる。2歳の誕生日には、人差し指と中指を二本揃えてピンと出せない。片方の手で中指を支えないと二本並べて立てることはできない時期にある。

しかし、2歳3ヶ月頃から6ヶ月の間に、指の末梢神経が育つ臨界期に入る。生涯の指先の器用さ不器用さも左右するほど、この時期の子ども達の遊ばせ方、育て方には重要な役割がある。

楽しく指先を育てる遊びには比較的用具が少ない。そのため保育士の工夫で日常の生活用具が教材になる。

手軽に作れる教材例として、次のようなものが挙げられる。

A3判の厚紙に直径八ミリ程度の穴を幾つも開ける。毛糸の先にビニールテープを巻いて、その穴に通しやすくするように準備する。このとき、毛糸の色を何色か並べると、自在に選んで、厚紙に毛糸を通して遊ぶ。

厚紙の代わりに、ストローを一、二センチの長さに切ったものを使う場合もある。やはり、毛糸の先端にビニールテープを巻いて、ストローに通しやすく準備する。

いずれも保育目標は、指の末梢部を育てることにある。指先の末梢神経を集中させて遊ばないと、ストローに糸が通らない。子ども達は遊びながら「ママにプレゼントするんだ」と、ネックレス作りに集中する。手軽に作れて、自由に持ち帰れる作品になる。

箸の持ち方「望ましい持ち方が定着する」

箸の持ち方は、周囲の大人の考えが大きく影響する。

一般的には、食器にスプーンを載せたまま渡された子ども達は、箸も握り持ちになることが大半である。しかし、将来、字を書く指を想定すると、この方法は望ましく

傾斜地で全身運動をする１歳児

ないことが判断できる。箸を握る持ち方で食べていた子ども達は、指が自由に使えず、鉛筆の持ち方に大きく影響し、字を綺麗に書くことが困難になる可能性が高いのである。

自我が芽生える1歳児期後半になると、自由にひとりで食べられる満足感から、箸を持ち直させられることへの抵抗が強い。怒って箸を投げたりすねたり泣いたり、食べなくなる子どもも現れるなど、精神的な不快感を誘ってしまい修正は難しいことが明らかである。

望ましい方法は、箸を欲しがる0歳児期後半から、丁寧に正しい持ち方が定着するようにかかわり、指に覚えさせることが重要になる。

生涯、ものを書く指の使い方のベースになることを予期して育てると、自然に指先が動き学童期に綺麗な字が書ける子どもに育つ。

この頃になると、言葉も二語文が現れ、後半には一往復の会話も成り立ち、2歳児への移行が予測される。

2歳児期

排泄の自立、言葉と対話、平衡感覚など、自らの身体の運動機能も手と足と違う動作を同時進行することが可能になり、三輪車を自由自在に乗りこなせるようになる。要するに、全身の運動機能が整い自立する。言葉も日常の生活用語は殆ど話せる。物の名称も生活用語として使えるようになる。

感情の起伏は、この時期は調整が難しく、言葉で思いを伝えられないと叩くなどの動作はあるが、相手の表情も気にかけて、よく見る姿も現れるようになる。

午睡は成長発達のために必要な時期にある。

2歳児期の子どもの姿は、環境によって著しく育ちの差が見えてくる反面、気になる子も発見しやすくなる。

気になる子どもの発見時には、即保護者に連絡するのではなく、その子どもの担当者と、一ヶ月間、観察期間をもうけて、どの部分が気になるのか、どの部分が育ちづらそうに見えるのかを記録する。

担当者は園内のケース検討資料を作成し、保育園内で園長（園の責任者）を筆頭に、その子どもを取り巻く関係職員が集まり、気になる部分の各関係者の意見を集計すると良い。

具体的に気になる所が明らかになって、医療の指導が必要なのか、治療的にかかわる保育が可能なのか検討したうえで、できれば園の責任者が、児童の将来のために善意を持って保護者と話し合うことが望まれる。

気になる子について

気になる子の姿はその子が持ち合わせている個性らしき姿と、環境によってつくられている姿とに大きく分けられる。環境によってつくられている姿は、乳児期の早期発見・早期治療による保育士の治療的なかかわりによって、改善される可能性がある。丁寧に子どもを見る目は、専門職として求められる児童観である。

3歳児期

体の発達「全身の調整力」

3歳に至るまでの育てられ方で子どもの姿は一様ではない、身長・体重にも個人差があるように、全身で動く運動量やはさみを使うなど細かい作業をする指先の動きも、それぞれの育ち具合が表れる。案じられる部分は、運動機能の発達段階にあると仮定し、気になる部分には見通しを持って、丁寧な観察眼と経験の場を意識的に提供する必要がある。

4歳児期のエネルギッシュな動きを見せる特徴的な波に乗れるよう、3歳児期の遊ばせ方には個人差を配慮する。経験不足で遊び方が分からず遊べない場面があったり、身体の柔軟性やバランス感覚が育っておらず、堂々と動けなかったりすることもよく見かける。3歳児として一律に同じ見方や付き合い方をすることは無謀である。

1　走れるがまっすぐとか「線の中」などルールに沿うことは難しい
2　走ることを楽しむが、スピード感は幼い
3　みんなでギャロップなど足の動きを楽しむ
4　尿意を感じて排泄を意識するが、トイレに行く動きは気分に左右されることがあり、失敗することもある

心の発達「身体表現」

慣れた友達や生活の場では得意とする遊びに入れるが、新しい環境や友達や保育者などに慣れるまでは、自分の思いや必要なことを言葉で伝えるなどの、自己発揮はできないことが多い。自立している子どもでも排泄を失敗することがある。

周囲に気が回らず、まだまだ自己中心的に動くことが多い。言い聞かせると、丁寧な説

明には聞く力を発揮して、内容を理解し受け入れる心の素直さも見える。

不愉快な経験には、初めは「泣く」という方法で不快感を示すことが多いが、生活に必要な言葉は殆ど理解しているので、丁寧な語りかけで表現方法を変える努力も見えてくる。幼児期への嬉しい姿を期待感と成長感で快く転換できるよう、個別のかかわりの中で、信頼し合える応答的な関係が姿を変えるポイントである。

友達や保育者と信頼関係が成り立つと甘えも見せるが、何でも知りたい意欲を見せるようになり、知的好奇心の高まりが見えるようになる。マンネリ化した環境や遊び道具には興味を示さず、手のかかる子どもに変身することもある。しかし、その理屈は言葉で表すことはできない。保育者の知的洞察眼が求められる。

4歳児の誕生日を越える頃から、羞恥心や自尊感情など人を意識するようになり、周囲の人の言葉や態度に敏感になる。心の動きも目や態度に表れてくる。

言葉・コミュニケーション「言葉の獲得期、素直な表現力」

生活用語は知っているが、思うように使えない段階にある。信頼関係が育つまでは、友達との会話も単語で一往復か二往復程度、目でコミュニケーションを図るような姿も見られる。相手の動きをじっと眺めていたり、遊具を楽しんでいる友達の様子を見たりしているうちに、一緒に遊びたくなる姿も見られる。

突然トラブルになることもあるが、人とかかわり合うときの言葉をそのつど添えて、人の中で生きるための言葉を身につけるよう支援する必要がある。

知的好奇心・抽象的思考「前頭葉の働き、頭の中でイメージできる」

満3歳を過ぎる頃から現在・過去・未来の区別ができるようになる。抽象的思考が働くようになり、具体物がなくても言葉を聞いて受け入れ、理解できるようになる。しかし、語彙はまだまだ少ない年齢である。童話や素話（保育士の即興）による空想の世界など、理解しやすい表現方法で豊富に提供し、知的好奇心を刺激する必要がある。中には文字に関心を示し、拾い読みする姿も見られるほどに知的な発達を喜び楽しむ姿は、周囲への認知を求める姿としても見落とせない。「読めるんだね」と認めてあげることの大切さを周知したい。

人間関係「一人より友達が近くにいる方が楽しいと感じる」

自己中心的な生活姿勢は消えるものではないが、人を意識するようになり、自分以外の人とかかわることに興味を示す段階である。遊びの内容から見ると並行遊びや単純なごっこ遊びが中心である。一緒にいることを楽しめる年齢である。

大人への依存心はあり、相手の様子を見ながら甘える「退行現象」も見られる。しかし、大人にべったりされるのはいやがる。一見、大人の手を必要としなくなる段階であるが、心の中では自立した扱われ方を好まない。むしろ、手をかけて欲しいという心境もたくさん残っている。

そんな心境を言葉に表せずに態度で示す子どもに対しては、自己発揮できない状態でいることを理解して、時には甘えられる保育者が必要になる。信頼関係を樹立する方法として有効な手段である。

生活力・身辺の作業は可能「食事・排泄・睡眠・着脱・清潔」

2歳まで同じ育てられ方、同じ期間を経た子ども達であっても、育つ具合は異なる。さらに、早生まれ、遅生まれなど生まれた月によっても発達の個人差はあるので、3歳児として一定した児童観で保育を進められることは好ましくない。身辺自立の技術は生活経験の有無が大きく左右するので、個人観察と併せて成育歴の調査は欠かせない。それまでの主たる養育者の育児観の把握にも努める。

3歳児期はこのような発達段階にあるので、身辺にかかわる作業も生活の中で一人ひとりの自立の具合を把握して、できることへの喜びを伝え、不便のないように励んで作業する子どもに育む。

3歳までの生活経験の個人差を把握することから、年度は始まる。

集団生活の経験児は、2歳児までの科学的な見識で発達を支えられて育っている場合が多く、集団生活の未経験児は、小さな育ちでも丁寧なかかわりを必要とする状況にあることが多く見られる。

発達状況の把握から始まるクラス運営、発達の支援が必要になる子どもの集団もある。

3歳児になると、自主的に手を洗う姿も見られる

生活の中では自ら体験するチャンスを必要とする子どもには、一様に3歳児として保育を進めることの難しさがある。育ち具合を見てグループ分けする、あるいは遊びの内容によっては小グループ編成をして、育ちのアンバランスを意識的に調整する積もりで、遊ばせる方法を検討する必要がある。

年度当初に見せる個人差の様相は、健康に生まれている子どもの場合、育つ力を秘めているので、同年齢の集団に溶け込むのも早い。

遊ぶ姿が異なり、その子の個性なのか、育ってきた環境による姿なのかが明らかではないが、人の中で遊べないことなどは、即治療的なかかわり方を見いだす必要がある場合が多い。担任以外の職員の感性による児童観も、発見時には気になる部分を求めて重要になる。不自然な様相には早期発見・早期治療の観点から、心身共に自立を目指すためのケース会議の検討が必要である。

エネルギッシュに育つ4歳児期の生活に乗れるところまでは、走る、踊る、乗る、話す、聴く、身体表現、観る、描く、作る……あらゆる手段を通して全児童に目を向け、支援する必要がある。

4歳児期

この頃になると、心身共にダイナミックな発達を見せ、幼児らしい様相になる。また「社会性」も育ってくる。

体の発達「ダイナミックに自分の身体の動きを楽しむ」

機能的に整った身体を存分に使って粗大運動を楽しむ年齢である。心が晴れていると体力の限界まで動き回る。走る・蹴る・追いかけまわる等、全身で取り組む遊びを取り入れると「もう走れない」と言うまで走り続け、追いかけまわす姿が見られる。4歳児の特徴である。

粗大運動とともに微細な動き、例えば指先に全神経を集中させる細かい作業にも取り組み、作業意欲など自ら育つ姿を見せる。

身体の内部機能にも関心を示し、食べるものが排泄されるまでの過程に関心を持ち、聞きたがる。人体模型を使うなど理屈もふまえて関心ごとに丁寧にかかわり、好奇心に合わせて、食事の大切さや食材と身体に必要な栄養素など、健康的な生活の関連を伝えるチャンスでもある。排泄は自意識による自立の可能性も見せる。

褒めると丁寧な作業もできる時期なので、粗雑な作業になりがちな子どもには、雑な出来具合をしっかり心にしみるように伝えて、意識的に集中する作業過程の大切さを伝えると、理解し努力しようとする姿が見られる。

心の発達「羞恥心・自尊心の芽生えと相手を感じる」

集団の中の自分を感じ始める。特に大人「保育者」の言葉に敏感で、感情の起伏を見せるようになる。

生活の中で感じたことへの表現、態度は幼く、トラブルが発生しやすい発達段階にある。語彙の獲得が旺盛で覚えたばかりの言葉を使って楽しい対話は弾むが、感情を乗せやすい言葉も使うので、喧嘩や失敗が多く見られるのも4歳児である。

幼い表現の中で起きる感情の起伏は心の襞《ひだ》を育てる絶好のチャンスである。保育者のきわめて丁寧な応答的環境が求められる。子ども同士の心の交通整理を心がける必要がある。相手の子どもの気持ちを具体的に分かりやすく伝えて、人と一緒に、人の中で生活していることを伝える。人の中で生きる力を育てる。

エネルギッシュに遊ぶ４歳児達

困っている人への手伝いを率先して行い、相手への思いやりの姿も見えてくる。その行為が相手に対してお節介にならぬよう見守り、「優しいのね」と言葉をかけて、相手の子どもが喜んでいる様子を感じ取れるほめ方が重要になる。いやがる子どももいるので自己満足にさせぬよう、相手の思いを感じ取れる育て方が求められる。

言葉・コミュニケーション「語彙数が増えるが発音の不明瞭さが残る」

知的好奇心が旺盛になることと併せて日常の出来事や事象にも関心を示して、言葉でのコミュニケーションを楽しむようになる。

覚えた言葉を使ってみたい、言ってみたい時期にある。言葉の意味や内容までしっかり理解して覚えたということでもない。雰囲気で使うという傾向もあり、時折、不自然な使い方も現れる。言葉を楽しむ段階として捉える必要がある。子ども自身が不自然さに気付いたとき適材適所で使えるようになる。

間違いの訂正を強いるより、場合によっては「○○のことかしら」と明るく問い返して、表情や反応を見ることにより、言葉と使い方の理解を深めることも、この年齢では大切なかかわりになる。

人に迷惑になる言葉を敢えて使うことも現れてくる。相手の反応を楽しむこともある。相手が嫌がる言葉を否定するより、言われた相手の心の問題に視点をあてて取り上げ、集団の中で生きる力を養う大切な時期である。道徳的な観点から言い聞かせる必要がある。

生活の場に絵本や童話が子どもの手に届く範囲に豊富にあることにより、自然に文字や本に関心を抱くようになる。拾い読みも楽しめる時期であるので、自己開発が自然に営める空間が必要になる。

知的好奇心「疑問から知的文化へ」

知的好奇心が旺盛になり、生活の中の事物にも疑問を抱き、何でも知りたがり、知識を要求してくる。例えば、空の雲に関心を抱くと、もっと雲の形や名称にも種類がたくさんあることを知って、詳しく知りたがる。４歳児には疑問を抱くことに合わせて、図鑑や実験遊びなどで疑問に丁寧に対応することにより、知的好奇心は満たされ、知的文化は促進される。保育者の姿勢は子どもの特徴を見据えた発想が期待される。

色にも関心を示して、絵の具遊びでは「どうしてこうなるの？」と配合することを楽しみ、実験を通して知的文化をかみしめる姿も見られる。

絵本やお話を通して、心の動きに気付き、読み聞かせや素話の内容に興味を抱くようになる。抽象的な思考力が働きイメージの世界が描ける楽しさは、具体的な実体験がベースにあるので、実体験の個人差を集団遊びの中では配慮する必要がある。

自ら考え工夫して作った物には自信を得て、何回でも繰り返して作り、遊びたい人にも伝えたい様子も見られる。工夫するおもしろさや集中して作業する指の動きに自信を持ち、友達に誇れる自分に築くこともある。

人間関係「相手を受け入れようとし、人への関心が広がる」

言葉で激しく争う姿も見られるが、基本的には人の中で生きる力が育つ時期の子ども達である。諭されて相手の気持ちを理解しようと努める様相は、思考力の発達とともに、自己中心的な発想から、周辺に視野を広めていく社会性が育つ基礎の部分であることが読み取れる。

争いながらも、友達がいないと寂しいことも知っている。相手を受け入れて遊びたいが、自我の範囲で強調できないことも見られる。指導的な中途半端な保育者の態度は不信感を誘うことになるので、気持ちが収まるまで待って、双方から喧嘩の原因について聞いてみる。

生活力の個人差はあるが、自立している「身辺の作業は可能」

食事・排泄・着脱の生活作業は、気付かせるための言葉がけや、見守りは必要であるが、一通りの動作は可能である。

丁寧な作業を求める場合は、そのつどその結果を本人が意識することがポイントであるので、見やすい、あるいは伝わりやすい方法を工夫する。不快感を与えない誘導方法の検討が求められる。

指先の技術的な部分では、意欲や気力とは別に末梢神経ということも考えられる場合があるので、生活訓練などで強いる方法は避けることも視野に入れる。

4歳児の子ども達に顕著に表れる発達は、知的好奇心が極端に旺盛になることである。知的文化が旺盛になると、疑問や難問の質問の応酬の子ども達の姿になる。何でもやってみたい、知りたい、試してみたいなどの意欲が旺盛になる。文字に関心を持つのも発達の特徴といえよう。この場合、保育士は質問を考えたり調べたりと、子ども達と一緒に知識を広める生活が主になる。

4歳児は、社会性が育つ時期といわれる。仲間意識も広がり、文字に関心を持ち、語彙数も増えて会話も豊富になるなど人間関係の成長が著しい。その一方で、言葉に敏感になり傷つくこともある。言葉による喧嘩も増えるなどの特徴的な姿を見ることができる。

人間関係では4歳児は社会性が育つ時期として知られているが、自尊感情も羞恥心も、人の中で感じることである。人前で極端に傷つけられると生涯に影響するほどの、生き方に影を落とす恐れもある。反面、喜怒哀楽がはっきり表れてきて、友達も好き嫌いが見えてくる。成長したいという願望も見せて、知的な遊びには5歳児と遊ぶことを好み、大人に拘束されない時間を見つけるように遊ぶ姿もある。

5歳児期

身体の発達

全身の運動機能が育ち、敏捷性・瞬発力・防御力などが備わり、機敏な動きを楽しめるようになる。身体の動きを十分に楽しむ中で、育ってきた自分の身体に自信が持てるように意図的な遊びを用意して、一人ひとりが達成感や成長感を実感できる場を設定する必要がある。

目標物に向かって全速力で走れる。スポーツの好きな子どもは、フォームも美しい。力走することによる精神のコントロールを意識する。やる気・意欲など自分の姿を自分で感じるようになる。

細かい作業も楽しめる。作業も納得するまでやり遂げる力が見えてくる。小さいときからの体験で、できた喜びを実感していることが大切である。小さな作品にも心を込めて作る喜びを伝える。

知能と心の発達「探求心・研究心も見えてくる」

興味を抱くと比較したり納得するまで一つのことに固執したりする。例えば、虹の写真を室内に掲示しておくと、絵の具を持ち出し虹を作る色遊びが始まり、実験を楽しむ。こうしたとき、粗末なかかわりは禁物である。探求心、研究心、集中力を妨げてしまう心配もある。

達成感も素直に表せる。真剣な作業の後など「できたよ」と全身でその喜びを表現するので、成功感も抱けるようにかかわる必要がある。何でも挑戦させ、「やればできる」と自信を育て、いじけない心を育てる。

喧嘩の原因も自分達で理解し、解決しようとする。正義感も働く年齢である。約束違反などで仲間同士でも激しく言い争う姿は、就学期を迎える子ども達の、人の中で生きる力を感じさせる姿である。

仲間意識がはっきりしてくる。興味や関心が同じであることや、遊びに関する好みも互いに意識するようになり、遊び相手を選ぶ様子も出てくる。この場合、エスカレートした仲間はずれには要注意である。

状況を判断する力が備わる。善悪の判断と併行するように約束を守る姿も育ち、自制する力とともに状況によっても自分で判断し、自らを律する心が見えてくる。

相手に合わせて言葉を選ぶ場合もある。相手を察知する能力も備わり、自分にとって都合の良い言葉を使って、結果として、嘘をついてしまう場合もある。

小さい子ども達を労れる。優しく丁寧なかかわりを好む子どもも現れてくる。相手がいやがる動作も察知して無理強いをしない優しさも見えてくる。中には相手の気持ちを考えず、無造作にかかわる子どもも見られるので要注意。

言葉とコミュニケーション「相手の気持ちも感じ取れるようになる」

言葉の意味も理解し豊富な会話を楽しめる。生活用語も適材適所に、必要に応じて使えるようになるなど、一般的な成長を見せる年齢であるが、相手の思いを感じて言わない場合も表れてくる。

ごっこ遊びを楽しむ中で、大人の口調を真似て楽しむ姿も見える。口調の強い子どもの中には、人の心に不快感を与えてしまうケースも表れてくるので、関心を持って見守る必要がある。

心の問題とも絡んでくるが、自分に都合の悪いときは嘘を言う。相手の心を読んで先回りするなど、心配な姿も表れてくる。ごっこ遊びなどのときのように、内容によっては聞き置く必要があったり、問題視して検討したりする必要も出てくる。扱いを慎重に。

攻撃的な言葉の意味も分かっていて使う場合もあるので、相手方も傷つくことがある。使って良い言葉、良くない言葉など心の問題として取り上げ、道徳的に話し合う場が必要になってくる。

知的好奇心「生活を理解しようとする」

なぜ食事をするのか。睡眠を取るのか。漠然と生きていた生活から、生活を理解して自主参加の様子が見えてくる。心の発達にともない、日々の生活を考えるようになり、納得して生活をしたい意向が見えてくる。

学習的な言葉や新しい用語にも関心を示して、マンネリ化した生活には不参加という態度で抵抗するようになる。保育者の一方的な児童観では信頼関係は崩れる心配が出てくる。一緒になって知的好奇心を楽しむ計画が必要になる。

人間関係「友達がいないと不安」

仲良しの友達とは一緒にいることで安心感を抱くようである。好きな友達が他の友達と親しく遊んでいる姿を見て、不快感を感じる女児の姿も見られる、みんな友達であることを伝え、一緒に遊べる心の広がりを試みる必要がある。

口喧嘩しながらも相手の気持ちが気になる。言葉巧みに言い争う姿も見られる。心を傷つける言葉を意識的に使わないよう努力することができる。

グループを作って集団で遊び、仲間意識が強くなる。トランプやドッジボールのような、多数の友達を必要とする遊びの魅力も知っている。保育者は支配するのではなく、安全性を主として、子ども達の自主性による仲間づくりを見守る。

意思表示もはっきりしてくるので、大人不信は態度でも見えてくる。子どもの素直な気持ちを聞いて、大人と子どもではなく、人間同士という視点から子どもに詫びる大人の姿勢も大切である。

生活力「身辺作業の自立」

全部自分でできる能力はあるが、そのときの気分で雑になることもある。

清潔の心がけは要領よく手を洗った素振りを見せることもあるが、感染症などの病気に関しては説明を受けると、改めて姿勢を正す様子も見えてくる。

箸も持ち方は自分の問題であり、鉛筆の持ち方にも影響することを知ると、自ら正そうとする姿が見える。

健康と食物の関係を知ると、進んで駄菓子や甘いジュース類を飲まない子ども達も出てくる。食材の持つ栄養価や体力になる食事を摂取する必要性をしっかり伝えたい。

生活力「自制する力の発揮」

場の状況を判断する力が生まれる。もっと遊びたい、今は動きたくないなど、自分にとって不都合な場合でも、生活の中での約束は自分の思いを我慢して守れるようになる。話す力、話の内容も理解する力も育ち、前もって大切な話であることを伝えておくと、しっかり聞こうとする姿勢が見られる。

仲間との遊びを通じ協調性の大切さを学ぶ。自己主張ばかり強いと仲良く遊べないことも分かっている。しだいに強調する気持ちを自制し、気持ちを切り替えることにも慣れてくる。

工夫する思考力は、探求心や調べてみる遊びに没頭すると、自然に工夫するおもしろさを知る。考える機会は日々の中に潜んでいる。

いずれも、保育者の言葉がけ次第である。

就学期には主体性の確認を

善悪の判断も知識として定着しつつある。友達の誤った行為には厳しく忠告をする。自ら良くないことはしないよう我慢している。我慢できない友達を許せない姿も見られる。

知的好奇心も就学に向けて文字や観察画などの表現も豊かになる。会話も相手の心を感じながら話すとか、人間関係の中で何でも分かる大人扱いを求めたい感情も見られる。道徳的な話を好み社会の仕組みなどは理解しているが、自分に不都合なときは先を読んで嘘の表現をすることも現れる。

小さい子ども達への優しさは、経験がないと近づけないなど難しいが、気になる子への労りなど観察していれば分かるので、人の中で生きる力を具体的に発揮することができる。状況を判断し考えて行動することも可能になる。すべての子どもが主体性を備え積極的に動く、逞しい就学期を迎えて欲しいと願っている。

ここまで各年齢の発達の特徴を端的な文字で述べたが、教育出版の単行本『0・1・2歳児の保育資料』『3・4・5歳児の指導計画』（いずれも教育出版）に詳しく示されている。

第七章　社会とともに

保育雑誌社に保育内容連載の協力

昭和五十年代は幼稚園・保育園の職員が参考に求める代表的な五社（フレーベル館、チャイルド社、小学館、ひかりのくに、学研）の保育雑誌に、カリキュラムや子ども達の遊ぶ姿を事例として書くなど、当時の職員とともに数年間、連載していた。

保育士向けとはいっても、子ども達にプラスになる内容である。子ども達の発達にマイナスになるような育児用品（子どもが転んでも手が出ないなど、子どもの運動発達上相応しくない商品）を具体的に指摘したこともある。

このうち、小学館での連載は、昭和五十六年に『0・1・2歳児の保育資料』『0・1・2歳児の指導計画』として単行本にまとめられ、教育出版から発行された。

その後、平成十九年には同じ教育出版より『3・4・5歳児の指導計画』も発行された。

「長いことお待たせしました、ようやく村山中藤保育園の幼児の指導計画の実績が出版されました」と前文にも書き添えた。

右記のように、子どもの育つ過程に保育の意義がある研究から、村山中藤保育園の保育士の業務には独自の保育内容があること伝えて、実践して頂いている。

子ども達の記録簿も子どもの発達を中心に必要な書類を作成し、個人記録簿からその記録が必要とされている、児童票にスライドする方式も検討されて実施している。

臨界期を遊びながら通過する方法で保育は進められている現実がある。

職員は深く理解したうえで勤務時間内に書類を書くが、業務省力化などの検討も進み、取りにくい有給休暇も解消に向けて検討が進んでいる。子ども達の重要な保育を中心に勤務姿勢も、全職員が保育内容を共有し自主的な状況にある。

その生活姿勢は保護者や地域からの評価も高く、ありがたい言葉を頂くことが多い。仕事は常に人の中にあり人間として恥じない生き方を模索し続けて生きている。共に人を信じ合える関係で、子ども達の自ら育つ力を大切に、保護者とともに臨んでいる保育園である。

【出版資料類】

平成十八年二月　『五年生の春』（文芸社）

平成三十年六月　『傘寿を越えて　ふらりひとり旅』（文芸社）

平成二十五年　　CD『ねがい』児童の心の叫び　教育機関に配布する

この他に法令出版など共著多数・各出版社・雑誌社より執筆した。

また村山中藤保育園の保育記録が岩波映像株式会社からDVD『めばえる心　はぐくむ心』『こどもの心が聞こえる』（文部科学省指定教材シリーズ）として販売されている。

保育園運営

私が長年携わってきた経験から、保育教育の課題について、これからの幼児教育に学び、感じていることを付け加えておきたい。

まずは予算の仕組み「半官　公金　・　半民　保育内容」についてである。

保育所を開設し、保育内容に人生を懸けてきたが、全力で保育に携われた要因は、経済面で恵まれていたことにある。

予算の仕組みが明快であること。子ども一人の単価は一律ではなく、年齢によって保育士の人員が異なり、人件費の総額を考えても理解できるところである。

保育単価を分析すると、子どもの費用（事業費）・職員の費用（人件費）・運営管理費と大きく三つに分けられる。

厳密な予算案に沿った各項目の支払い、感謝の気持ちで支払うことが可能だったことが、保育内容の研究や、不自然な育ちに支援できる保育所運営に専念できた大きな要因であることを述べておきたい。

創立五十周年感謝の会（平成二十八年）

昭和四十一年に開設した村山中藤保育園は、平成二十八年で創立五十年の節目を迎えた。長い間、地域の皆様方には言葉に尽くせない程、多大なお世話を掛けていただいてきた。交通量の増加や子ども達による騒音など、数え上げれば、かけたご迷惑は数知れない。そのお詫びと保育園運営に対してご理解とご協力を頂いたお礼を兼ね、五十周年記念行事の

一つとして、歌手の由紀さおり・安田祥子姉妹のコンサートを企画。市民会館大ホールの指定席チケット千人分を用意した。

職員達の意思決定の後、次期園長とともに封筒に入ったチケットを持って、一軒一軒ご挨拶をして回った。お留守の家には名刺とともにポストに投函。思い付く範囲を二人で歩いた。

いずれも「早いですね、もう五十年ですか」と、一緒に懐かしみ、にこやかに受け取って下さった。懐かしい皆様のお顔に、創立時のことが昨日のことように思い出され、つい話し込んでしまったこともある。中には「趣旨を伝えて配ってあげるよっ」と、隣近所の何件分か快く預かって下さった方もいらっしゃった。千人分のうち、半数の五百軒位は回ったと思う。また卒園生の家庭には手紙で連絡を差し上げたので、直接チケットを取りにいらっしゃる方もあった。

公平性という考えから、二百枚は市報に掲載し、保育園に縁のなかった方にも抽選で分けることができた。だが、やはり地域の皆様全員に届けるというのは難しく、寂しい思いも残った。

一緒に地域を歩いた次期園長が、「歩いて良かったです、地域を知り五十年も前から村山中藤保育園に通って下さり、今でも親しくお付き合いを頂いている地域の皆様が見えて、引き継いだ今の立場ではありがたい仕事でした。嬉しく思いました」と言ってくれたのが印象に残っている。

記念式典、感謝の会には、多くの方が祝辞を寄せて下さった。ここに、当日の式次第を載せておく。

社会福祉法人　高原福祉会

村山中藤保育園創立五十周年記念

記念式典

感　謝　の　会

由紀さおり・安田祥子　コンサート

平成二八年三月五日（土）

武蔵村山市民会館

さくらホール　小ホール・大ホール

主催　社会福祉法人　高原福祉会

ごあいさつ

高原福祉会理事長　高橋　保子

昭和四十一年、日産工場に向かう保護者の依頼から始まった保育施設、以来福祉行政あるいは教育行政に携わる多くの皆様にご指導やお力添えを賜り、子ども達が人として育つ貴重な保育環境を支援して頂きました。

近隣地域の皆様方には五十年という永きにわたり、児童の福祉施設の存在に深いご理解を賜り、育ちゆく子ども達の健やかな成長を支えて頂きました。

多くの皆様方の優しさや温かさに見守られながら平成二七年度末に五十周年を迎えました。

保育施設は皆様ご存じの通り「小さな命を預かり、就学期まで人として育む」貴重な仕事です。保育施設は子ども達の施設であって、子ども達の背景にある家族の経済力や教養などあまり関係なく、現代の文化水準の中で育つことが望ましい。子ども達は身体の機能や知的好奇心などを基盤に、自ら育つ力を発揮するのが自然の姿です。

人柄は、家庭や保育施設での人的あるいは物理的な環境の影響を受けて、精神生活を繰り返し、人の話を理解し素直に受け入れる、あるいは心の葛藤など、さまざまな体験を通して人に伝わる表現をするようになる。表現が一定すると性格として人目に映えるようになる。

施設関係者は、常に保育環境要因としての重責を痛感しています。

ご自分の命より大切な御子様を預けて下さる保護者の皆様に、深く感謝申し上げます。

今後の施設運営にも変わることなくご支援を宜しくお願い申し上げます。

社会貢献について　ラオス訪問（平成二十七年）

ラオスの南部の農村地帯の子ども達のうち、おおむね六割が学校に通えていないと、アジア教育友好協会から情報を得て、現地視察に同行した。

同行者は小学校長二名、事業家一名、学校を建てることに関心のある人二名と、案内者を含め合計七名で行動する。

集合場所の成田で、初めて会う人が大半だった。トイレに行くにも荷物が気になるが、誰に頼んだら良いのか分からず、案内者しかなかった程、緊張していてた。

機内の座席は既に案内書が用意してあり、それを渡された。

タイまでは七時間位だったが、日本語字幕のついた映画もあり（確か『戦場のピアニスト』だったと思う）、楽しめた。

旅の行程

まずタイに入国、タイの宿舎で仮眠を取った後に、ラオスの首都ビエンチャンに到着。さらに飛行機で一時間三十分南下し、その日のうちにパクセイ空港に到着した。

そこで先方のボランティア、ノンさん達五、六名に迎えられた。舗装されていないガタガタ道路に牛や馬などが、自然体で生きている。動物を避けながら、約二時間半位走り、農村部のブオンナム地域に着いた。

ブオンナム地域は山間部にあり、到着するまで商店など見かけない。林と川の間に床高一・五メートル位の民家がちらほらと立っているのが見えた。子どもを抱く男性の身体には布が巻きつけられ、その布の間に子どもを入れていた。

ラオスのご馳走で歓迎を受けた。日本の麺類に似た白い食べ物、竹籠に餅米を入れて炊いたご飯を個人的に渡された。スープも香辛料が強かったが美味しかった。

トイレもない。用を足すには、人目につかない所を選ぶしかない状況であった。

ブオンナム地域の子ども達

小学校と中学校の校舎があり、隣に幼稚園らしき形ではあったが、雨風を凌ぐ程度の建物であった。そこにいる幼児の姿に衝撃を受けた。屋根はあるが金網での囲い。床はなく裸足である。同じ世代を生きる日本の幼稚園の様相とは比較にならない状況だった。

対話の中で、学校に通える家庭は、「子ども達に教育は必要である」と理解するように

動物達と共有しているパクセイ空港からブオンナムへの道

ラオス山間部、ブオンナム地域にある民家

子どもを抱く男性

校長先生と

幼児の保育施設は金網に囲まれている

ブロック遊びをする子ども達と

なった家庭の子ども達だけが通っていると報告を受けた。

また不衛生のために子どもが育たない。山を切り崩して造った敷地を裸足で歩くので、破傷風になり亡くなるケースも少なくない。ある家では、四人生んだが、二人は亡くなり、五人目が漸く生まれたという。

子ども達は、家族のために川で魚を捕まえて家族の食料にしたり、家族のために餅米を栽培する手伝いをしたりすると聞く。

その場で、「幼児の保育室を建てるのに必要な額は？」と、アジア教育友好協会の関係者に尋ねたところ、百五十万円とのこと。

自分も裕福ではないが、余りにも極端な日本との差を目にして、即寄付を申し出るほどに衝撃を受けていた。

帰国後、すぐに全額送金した。

子ども達に靴を贈る

今回の訪問で、普段、日本で接している子ども達と同じ世代の生活——不衛生な環境であり、五人生まれた子どものうち、破傷風で姉弟が亡くなり、今は三人だけ。そんな、学校に通えないことより、健康に生きることさえ保証されていない状況を知った。

何か支援できることはないか。

その年から、小さくなって履けなくなった靴を、ラオスの子ども達に贈ってあげたい。ついては履けない靴を寄付して欲しいと、保育園の保護者にお願いした。

保護者は快く他国の経済状況を受け入れて、捨てるのにはもったいない程度の我が子の靴を袋に入れて届けてくれた。子ども達も進んで「これあげる」と、今まで履いていたものまで寄付してくれた。

以来、毎年百足位の寄付がある。

「ラオスの子ども達は靴を履いたことがなく、自分では履けない子どももいる」と、現地から子ども達の喜ぶ写真と一緒に手紙が毎年届く。日本の保護者は写真を見て「今年も送ろうね」と、幼児に語りかけている。

靴の寄付は暮れから二月末に依頼しているが、集計時には段ボール三箱位になる。頂いたたくさんの靴の整理や箱詰めは、二日間を要するほどである。

今回のラオス訪問は、カメラに収めた部分は写真集にして保存してある。

二回目のラオス訪問（平成二十八年）

保育室落成式の案内が届く

十一月にラオスのブオンナム地域に建てられた幼児施設の落成式の案内が届いた。そこで、村山中藤保育園・園歌である『太陽のように』（作詞・高橋保子、作曲・小野雅和）のラオス語版を持って訪問した。

現地では、道路から校舎まで校庭に小・中学校の生徒が横一列に並び、目の前を通る私達に次々と花束を渡してくれる。

勿論、全部は持ちきれない、隣にいるノンさん（ラオスのボランティア）が次々に預かってくれた。

幼児は新園舎で待っていた。到着と同時に、園舎に掲げられた看板（寄付された建物であると表示されていた）の前で写真撮影が行われた。小・中学生全員も並び、花のレイや花束を預かってくれたノンさんも一緒に写真に入る。勿論、教職達もだ。学校全体で歓迎された。

地域を挙げての祭りの儀式での歓迎に驚いた。と同時に、ラオスの人々が地域、家族を挙げて喜んでいる様子に、感動がこみあげた。

保育室は二室で、訪問時は一つの保育室に全員が集まった。保育士は二人、通訳のアミットさん（勉強のために来日、二回京都の高校に通った人）を通して、校長先生の言葉で感謝されていることを知る。

校長先生と握手をして肩を寄せ合い、校庭を歩き、職員室に案内された。

アミットさんの説明で児童数や職員数や教室数は、地域の保護者が子ども達に教育が必要であると理解する家庭が増えて、今では足りなくなっているというお話も聞いた。

持参した『太陽のように』の歌詞の説明をしたり、ラオスの子ども達に囲まれ、ラオス語で書いてある寄付の看板の前で写真を撮っ

新園舎の外観

除幕式

子ども達が次々と花束を渡してくれる

ブオンナム幼稚園の園長先生と。お土産の籠を持ちながら

アミットさんの通訳で、保護者の前で話す

たりした。

お土産にラオスの貴重なご飯の蒸し籠を頂いたり（今も保育園にある）楽しんだ記憶もある。

トイレは別棟、外から誰にでも見える状態だったが、この形式が衛生的で安全のためと聞いた。

ノンさん宅を訪ねて

その後にノンさん宅に案内されて、ノンさんの手作りの食事を振る舞って頂いた。日本からの同行者ら数名と現地のボランティアさんなど、大勢でお食事を頂戴する。ノンさんが同居し育てている若い学生さん十人くらいも同席する。

このご馳走は、幼稚園落成に関してノンさんの個人的な感謝の気持ちの表れであろうと、言葉の通じない生活の中で食事を頂きながら考えていた。

その後、町を案内されてラオスの生地を織っている人に会い、分けて頂いた。

巻きスカートはラオス特有の衣服で、小学生から女性はみんな同じ仕立ての、巻きスカートを身につけていた。

宿舎

宿泊は閑静なリゾート地域であった。象が間近に生活している長閑な風景が広がり、河川に近い所に小屋が並ぶ。そこに、二人ずつ泊まる。

夕食は車で案内されたのだが、言葉も通じない知らない人達の中で、食べなければならないと聞かされた。緊張して、せっかくの料理もどんな味なのかも分からない、不思議な時間帯だった。

帰りも車で送られ、宿舎に来てあたりさわりのないことを話したが、夕食について案内してくれたボランティアの男性も何も言わない。どんな会場だったのかも知らされないまま一日が終わった。後

巻きスカートの布を織る女性達

で知ったのだが、地域のどなたかの結婚披露宴に同席したらしい。

三回目のラオス訪問（平成二十九年）

チャンヌア地域に武蔵村山分校を建てる

東京都武蔵村山市内の小学校には、「ワンコイン・スクールプロジェクト」という活動がある。子ども達が家の手伝いをして駄賃を頂き、五百円になったら学校に持ち寄り、ラオスに学校を建てる目的で寄付をするというものだ。

平成二十九年度はラオスのチャンヌア地域に武蔵村山分校を建てようという目的で、子ども達や家族の協力で進展していた。

一年が経過する頃「一校建てるのには少し足りないのでは?」と連絡があり、協力しようと立ち上がった。

広く市民にも子ども達の計画に参加して頂こうと、寄付を募ることにした。

寄付を募る

日本には各家庭にも豊富にある包装紙。その包装紙で作った手作りの封筒を数多く用意して、趣旨を書いた文章を貼り、広く一般市民に依頼した。

一般市民からの寄付金は、まとめてラオスに送金する頃には八十万円になり、学校の建築予算に加算された。

落成式に同行し、三回目のラオス訪問になった。チャンヌアでは、武蔵村山分校の建物を写し、その写真でお礼の絵ハガキを作成。参加して頂いた一般市民の家庭に感謝の礼を述べるとともに、落成を知らせることができた。

チャンヌア側の小学校の歓迎も、校門から校舎まで生徒が並び、その場を訪問者が通過すると、流れるように後ろから生徒が続いて校舎に入った。

生徒が来客を歓迎する形式は、全くブオンナム地域と同じだった。

落成式は地域の役人さんや保護者も参加して、ラオスのお祝いの行事で歓迎を受けた。食事もラオスのご馳走で美味しく頂いたが、香辛料が強いのは、ブオンナム地域と同じだった。そのため食事を頂けない参加者もいた。

今回の参加者は小学校の校長先生二名と案内者とで、総勢四名と少人数だった。校長先

武蔵村山分校の前で記念撮影

大勢の生徒達が日本とラオスの国旗を振って歓迎してくれた

生は、教育委員会から出張扱いの許可を得ており、ラオスの教育委員会のような立場の人が同席し、感謝状を受け取っていた。先生達は、「日本の子ども達に見せたい」と持ち帰った。

あとがき

仕事一途に生きてこれたのも、息子や娘の協力が絶大だったからである。協力と言うより、子ども達は、「やむを得ない環境に生かされていた」のかもしれない。我が子のことは当然、心の中心にあったが、「やらなければならない」責任の重さ、「預かる命の重さ」と「施設経営」の比重が大きかったといえる。

幸いにも長男は公務員になり、社会の重責を担っている。

令和二年春、世界的に新型コロナウイルスが流行し、感染者の中には命を落とすなど犠牲者が続出し、社会問題になっている。現在でも、息子は我が身を護る体制にはほど遠い、巷の治安や安全に寄与する警備に追われている。

娘夫婦には社会福祉事業二施設の管理運営という、大きな事業を引き受けて頂いた。児童数三百余名。子育て以外にも問題を抱えている家庭もあり、そうした保護者への相談、支援を続けている娘達に申し訳ない、と心苦しい。

しかし、頑張って欲しい、多くの子ども達のために。

子ども達に尽くす、人々に尽くすのが社会福祉事業である。

子ども達は自ら育つ力を秘め、環境に順応するように育つ。乳幼児期の子ども達を、心も・身体も・人の中で生きる力も、すべてにおいて「人間を育てる」という「魂」が重要になる。


苦しく貧しい時代のことも記載したが、戦後のあの苦しい時代は、我が家に限らず巷では同じような生活だったように思う。

しかし、多くの恩師に支えられ、私はあの貧しい辛い体験があったからこそ、生きる力が生まれ生涯を生きる目標や、生き抜く力が育まれてきたように感じている。父親を恨むこともない。むしろ生き抜く力を授けてくれたのは父だったのかもしれないと、自分の生き方を振り返り、思うようになっている。

著者プロフィール

高橋 保子（たかはし やすこ）

社会福祉法人高原福祉会理事長、東京都武蔵村山市村山中藤保育園長を40年務める
現玉川大学特別講師、日本保育協会厚生省委託調査研究委員、
玉成保育専門学校講師、武蔵村山市人権擁護委員５期（15年）歴任
東京都キレる子現象専門委員会委員、東京都市町村職員研修所講師、
東京都教育専門学校講師等を歴任

【著書】
『０・１・２歳児の指導計画』（教育出版　昭和56年）
『０・１・２歳児の保育資料』（教育出版　昭和56年）
『五年生の春』（文芸社　平成18年）
『３・４・５歳児の指導計画』（教育出版　平成19年）
　その他共著多数

【論文】
「子どもにとって遊びとは」（生活教育社　2005年）
　　特集　遊びを通して育つ
「子どもの育つ力を支援する」（読売新聞社　2010年）読売教育賞
　　幼児教育・保育部門　最優秀賞

【表彰】
読売教育賞　幼児教育・保育部門最優秀賞（平成22年７月）
法務大臣表彰（平成22年10月）
瑞宝双光章受章（平成24年６月）

子ども達と生きる

2023年３月15日　初版第１刷発行

著　者　高橋 保子
発行者　瓜谷 綱延
発行所　株式会社文芸社
〒160-0022 東京都新宿区新宿1－10－1
電話 03-5369-3060（代表）
03-5369-2299（販売）
印刷所　株式会社フクイン

ISBN978-4-286-23795-4